六韜三略

續古逸叢書之宋本武經七書

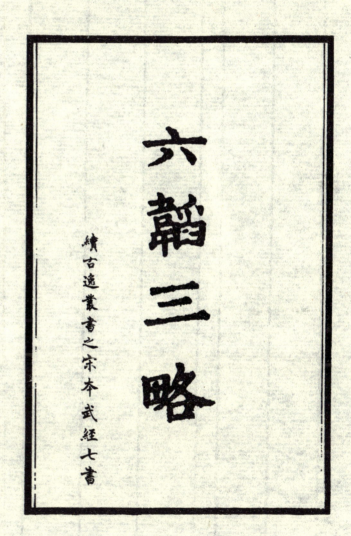

六韜卷第一

文韜

文師

文王將田史編布卜曰田於渭陽將大得焉非龍非彲非虎非羆兆得公侯天遺汝師以之佐昌施及三王文王曰兆致是乎史編曰編之太祖史疇爲禹占得皐陶兆比於此文王乃齋三日乘田車駕田馬田於渭陽卒見太公坐茅以漁文王勞而問之曰子樂漁邪太公曰臣聞君子樂得其志小人樂得其事今吾漁甚有似也殆非樂之也文王曰何謂其有似也太公曰釣有三權祿等以權死等以權官等以權夫釣以求得也其情深可以觀大矣文王曰願聞其情太公曰源深而水流水流而魚生之情也根深而木長木長而實生之情也君子情同而親合親合而事生之情也言語應對者情之飾也言至情者事之極也今臣言至情不諱君其惡之乎文王曰唯仁人能受至諫不惡至情何爲其然太公曰緡微餌明小魚食之緡調餌香中魚食之緡隆餌豐大魚食之夫魚食其餌乃牽於緡人食其祿乃服於君故以餌取魚魚可殺以祿取人人可竭以家取國國可拔以國取天下天下可畢嗚呼曼曼緜緜其聚必散嘿嘿昧昧其光必遠微哉聖

人之德誘乎獨見樂哉聖人之慮各歸其次而樹斂焉文王曰樹斂何若而天下歸之太公曰天下非一人之天下乃天下之天下也同天下之利者則得天下擅天下之利者則失天下天有時地有財能與人共之者仁也仁之所在天下歸之免人之死解人之難救人之患濟人之急者德也德之所在天下歸之與人同憂同樂同好同惡者義也義之所在天下赴之凡人惡死而樂生好德而歸利能生利者道也道之所在天下歸之文王再拜曰允哉敢不受天之詔命乎乃載與俱歸立爲師

盈虛

文王問太公曰天下熙熙一盈一虛一治一亂所以然者何也其君賢不肖不等乎其天時變化自然乎太公曰君不肖則國危而民亂君賢聖則國安而民治禍福在君不在天時文王曰古之賢君可得聞乎太公曰昔者帝堯之王天下上世所謂賢君也文王曰其治如何太公曰帝堯王天下之時金銀珠玉不飾錦繡文綺不衣奇怪珍異不視玩好之器不寶淫泆之樂不聽宮垣屋室不堊甍桷椽楹不斲茅茨偏庭不剪鹿裘禦寒布衣掩形糲粱之飯藜藿之羹不以役作之故害民耕

績之時削心約志從事乎無爲吏忠正奉法者尊其位廉絜愛人者厚其祿民有孝慈者愛敬之盡力農桑者慰勉之旌別淑德表其門閭平心正節以法度禁邪僞所憎者有功必賞所愛者有罪必罰存養天下鰥寡孤獨振贍禍亡之家其自奉也甚薄其賦役也甚寡故萬民富樂而無飢寒之色百姓戴其君如日月親其君如父母文王曰大哉賢君之德也

國務

文王問太公曰願聞爲國之大務欲使主尊人安爲之柰何太公曰愛民而已文王曰愛民柰何太公曰利而勿害成而勿敗生而勿殺與而勿奪樂而勿苦喜而勿怒文王

曰敢請釋其故太公曰民不失務則利之農不失時則成之省刑罰則生之薄賦斂則與之儉宮室臺榭則樂之吏清不苛擾則喜之民失其務則害之農失其時則敗之無罪而罰則殺之重賦斂則奪之多營宮室臺榭以疲民力則苦之吏濁苛擾則怒之故善爲國者馭民如父母之愛子如兄之愛弟見其飢寒則爲之憂見其勞苦則爲之悲賞罰如加於身賦斂如取已物此愛民之道也

大禮

文王問太公曰君臣之禮如何太公曰爲上唯臨爲下唯沈臨而無遠沈而無隱爲上唯周爲下唯定周則天也定則地也或天或地大禮乃成文王曰主位如何太公曰安徐而靜柔節先定善與而不爭虛心平志待物以正文王曰主聽如何太公曰勿妄而許勿逆而拒許之則失守拒之則閉塞高山仰之不可極也深淵度之不可測也神明之德正靜其極文王曰主明如何太公曰目貴明耳貴聰心貴智以天下之目視則無不見也以天下之耳聽則無不聞也以天下之心慮則無不知也輻湊並進則明不蔽矣

明傳

文王寢疾召太公望太子發在側曰嗚呼天將棄予周之社稷將以屬汝今予欲師至道之言以明傳之子孫太公曰王何所問文王曰先聖之道其所止其所起可得聞乎太公曰見善而怠時至而疑知非而處此三者道之所止也柔而靜恭而敬強而弱忍而剛此四者道之所起也故義勝欲則昌欲勝義則亡敬勝怠則吉怠勝敬則滅

六守

文王問太公曰君國主民者其所以失之者何也太公曰

不慎所與也人君有六守三寶文王曰六守何也太公曰一曰仁二曰義三曰忠四曰信五曰勇六曰謀是謂六守文王曰慎擇六守者何太公曰富之而觀其無犯貴之而觀其無驕付之而觀其無轉使之而觀其無隱危之而觀其無恐事之而觀其無窮富之而不犯者仁也貴之而不驕者義也付之而不轉者忠也使之而不隱者信也危之而不恐者勇也事之而不窮者謀也人君無以三寶借人借人則君失其威文王曰敢問三寶太公曰大農大工大商謂之三寶農一其鄉則穀足工一其鄉則器足商一其鄉則貨足三寶各安其處民乃不慮無亂其鄉無亂其族臣無富於君都無大於國六守長則君昌三寶完則國安

守土

文王問太公曰守土奈何太公曰無疏其親無怠其衆撫其左右御其四旁無借人國柄借人國柄則失其權無掘壑而附丘無舍本而治末日中必彗操刀必割執斧必伐日中不彗是謂失時操刀不割失利之期執斧不伐賊人將來涓涓不塞將為江河熒熒不救炎炎奈何兩葉不去將用斧柯是故人君必從事於富不富無以為仁不施無以合親疏其親則害失其衆則

敗無借人利器借人利器則爲人所害而不終其正也王曰何謂仁義太公曰敬其衆合其親敬其衆則和合其親則喜是謂仁義之紀無使人奪汝威因其明順其常順者任之以德逆者絶之以力敬之無疑天下和服

守國

文王問太公曰守國奈何太公曰齋將語君天地之經四時所生仁聖之道民機之情王即齋七日北面再拜而問之太公曰天生四時地生萬物天下有民仁聖牧之故春道生萬物榮夏道長萬物成秋道斂萬物盈冬道藏萬物尋盈則藏藏則復起莫知所終莫知所始聖人配之以爲天地經紀故天下治仁聖藏天下亂仁聖昌至道其然也聖人之在天地閒也其寶固大矣因其常而視之則民安夫民動而爲機機動而得失爭矣故發之以其陰會之以其陽爲之先唱天下和之極反其常莫進而爭莫退而讓守國如此與天地同光

上賢

文王問太公曰王人者何上何下何取何去何禁何止太公曰王人者上賢下不肖取誠信去詐僞禁暴亂

止奢侈故王人者有六賊七害文王曰願聞其道太公曰夫六賊者一曰臣有大作宮室池榭遊觀倡樂者傷王之德二曰民有不事農桑任氣遊俠犯歷法禁不從吏教者傷王之化三曰臣有結朋黨蔽賢智鄣主明者傷王之權四曰士有抗志高節以爲氣勢外交諸侯不重其主者傷王之威五曰臣有輕爵位賤有司羞爲上犯難者傷功臣之勞六曰強宗侵奪陵侮貧弱者傷庶人之業七害者一曰無智略權謀而以重賞尊爵之故強勇輕戰僥倖於外王者慎勿使爲將二曰有名無實出入異言掩善揚惡進退爲巧王者慎勿與謀三曰朴其身躬惡其衣服語無爲以求名言無欲以求利此僞人也王者慎勿近四曰奇其冠帶偉其衣服博聞辯辭虛論高議以爲容美窮居靜處而誹時俗此姦人也王者慎勿寵五曰讒佞苟得以求官爵果敢輕死以貪祿秩不圖大事得利而動以高談虛論說於人主王者慎勿使六曰爲雕文刻鏤技巧華飾而傷農事王者必禁之七曰僞方異伎巫蠱左道不祥之言幻惑良民王者必止之故民不盡力非吾民也士不誠信非吾士也臣不忠諫非吾臣也吏不平絜愛人非吾吏也相不能富

國強兵調和陰陽以安萬乘之主正羣臣定名實明賞罰樂萬民非吾相也夫王者之道如龍首高居而遠望深視而審聽示其形隱其情若天之高不可極也若淵之深不可測也故可怒而不怒姦臣乃作可殺而不殺大賊乃發兵勢不行敵國乃強文王曰善哉

舉賢

文王問太公曰君務舉賢而不獲其功世亂愈甚以至危亡者何也太公曰舉賢而不用是有舉賢之名而無用賢之實也文王曰其失安在太公曰其失在君好用世俗之所譽而不得眞賢也文王曰何如太公曰

君以世俗之所譽者爲賢以世俗之所毀者爲不肖則多黨者進少黨者退若是則羣邪比周而蔽賢忠臣死於無罪姦臣以虛譽取爵位是以世亂愈甚則國不免於危亡文王曰舉賢奈何太公曰將相分職而各以官名舉人按名督實選才考能令實當其名名當其實則得舉賢之道也

賞罰

文王問太公曰賞所以存勸罰所以示懲吾欲賞一以勸百罰一以懲衆爲之奈何太公曰凡用賞者貴信用罰者貴必賞信罰必於耳目之所聞見則所不

聞見者莫不陰化矣夫誠暢於天地通於神明而況於人乎

兵道

武王問太公曰兵道如何太公曰凡兵之道莫過乎一一者能獨往獨來黄帝曰一者階於道幾於神用之在於機顯之在於勢成之在於君故聖王號兵爲凶器不得已而用之今商王知存而不知亡知樂而不知殃夫存者非存在於慮亡樂者非樂在於慮殃今王已慮其源豈憂其流乎武王曰兩軍相遇彼不可來此不可往各設固備未敢先發我欲襲之不得其利爲之奈何太公曰外亂而内整示飢而實飽内精而外鈍一合一離一聚一散陰其謀密其機高其壘伏其鋭士寂若無聲敵不知我所備欲其西襲其東武王曰敵知我情通我謀爲之奈何太公曰兵勝之術密察敵人之機而速乘其利復疾擊其不意

六韜卷第一

六韜 第二

武韜

發啓

文王在酆召太公曰嗚呼商王虐極罪殺不辜公尚助予憂民如何太公曰王其修德以下賢惠民以觀天道天道無殃不可先倡人道無災不可先謀必見天殃又見人災乃可以謀必見其陽又見其陰乃知其心必見其外又見其內乃知其意必見其疏又見其親乃知其情行其道道可致也從其門門可入也立其禮禮可成也爭其強強可勝也全勝不鬭大兵無創與鬼神通微哉微哉與人同病相救同情相成同惡相助同好相趨故無甲兵而勝無衝機而攻無溝壍而守大智不智大謀不謀大勇不勇大利不利利天下者天下啓之害天下者天下閉之天下者非一人之天下乃天下之天下也取天下者若逐野獸而天下皆有分肉之心若同舟而濟濟則皆同其利敗則皆同其害然則皆有啓之無有閉之也無取於民者取民者也無取於國者取國者也無取於天下者取天下者也無取民者民利之無取國者國利之無取天下者天下利之故道在不可見事在不可聞

勝在不可知微哉微哉鷙鳥將擊卑飛斂翼猛獸將搏弭耳俯伏聖人將動必有愚色今彼殷商衆口相惑紛紛渺渺好色無極此亡國之徵也吾觀其野草菅勝穀吾觀其衆邪曲勝直吾觀其吏暴虐殘賊敗法亂刑上下不覺此亡國之時也大明發而萬物皆照大義發而萬物皆利大兵發而萬物皆服大哉聖人之德獨聞獨見樂哉

文啓

文王問太公曰聖人何守太公曰何憂何嗇萬物皆得何嗇何憂萬物皆遒政之所施莫知其化時之所在莫知其移聖人守此而萬物化何窮之有終而復始優之游之展轉求之求而得之不可不藏既以藏之不可不行既以行之勿復明之夫天地不自明故能長生聖人不自明故能名彰古之聖人聚人而爲家聚家而爲國聚國而爲天下分封賢人以爲萬國命之曰大紀陳其政教順其民俗羣曲化直變於形容萬國不通各樂其所人愛其上命之曰大定嗚呼聖人務靜之賢人務正之愚人不能正故與人爭上勞則刑繁刑繁則民憂民憂則流亡上下不安其生累世不休命之曰大失天下之人如流水障之則止

啓之則行靜之則清嗚呼神哉聖人見其所始則知其所終文王曰靜之奈何太公曰天有常形民有常生與天下共其生而天下靜矣太上因之其次化之夫民化而從政是以天無爲而成事民無與而自富此聖人之德也文王曰公言乃協予懷夙夜念之不忘以用爲常

文伐

文王問太公曰文伐之法奈何太公曰凡文伐有十二節一曰因其所喜以順其志彼將生驕必有好事苟能因之必能去之二曰親其所愛以分其威一人兩心其中必衰廷無忠臣社稷必危三曰陰賂左右

得情甚深身内情外國將生害四曰輔其淫樂以廣其志厚賂珠玉娛以美人卑辭委聽順命而合彼將不爭姦節乃定五曰嚴其忠臣而薄其賂稽留其使勿聽其事亟爲置代遺以誠事親而信之其君將復合之苟能嚴之國乃可謀六曰收其内間其外才臣外相敵國内侵國鮮不亡七曰欲錮其心必厚賂之收其左右忠愛陰示以利令之輕業而蓄積空虛八曰賂以重寶因與之謀謀而利之利之必信是謂重親重親之積必爲我用有國而外其地大敗九曰尊

之以名無難其身示以大勢從之必信致其大尊先爲之榮微飾聖人國乃大偷十曰下之必信以得其情承意應事如與同生既以得之乃微收之時及將至若天喪之十一曰塞之以道人臣無不重貴與富惡死與咎陰示大尊而微輸重寶收其豪傑內積甚厚而外爲之陰納智士使圖其計納勇士使高其氣富貴甚足而常有繁滋徒黨已具是謂塞之有國而塞安能有國十二曰養其亂臣以迷之進美女淫聲以惑之遺良犬馬以勞之時與大勢以誘之上察而與天下圖之十二節備乃成武事所謂上察天下察

地徵已見乃伐之

順啓

文王問太公曰何如而可爲天下太公曰大蓋天下然後能容天下信蓋天下然後能約天下仁蓋天下然後能懷天下恩蓋天下然後能保天下權蓋天下然後能不失天下事而不疑則天運不能移時變不能遷此六者備然後可以爲天下政故利天下者天下啓之害天下者天下閉之生天下者天下德之殺天下者天下賊之徹天下者天下通之窮天下者天下仇之安天下者天下恃之危天下者天下災之天

下者非一人之天下唯有道者處之

三疑

武王問太公曰予欲立功有三疑恐力不能攻強離親散衆爲之柰何太公曰因之慎謀用財夫攻強必養之使強益之使張太強必折太張必缺攻強以強離親以親散衆以衆凡謀之道周密爲寶設之以事玩之以利爭心必起欲離其親因其所愛與其寵人與之所欲示之所利因以疏之無使得志彼貪利甚喜遺疑乃止凡攻之道必先塞其明而後攻其強毀其大除民之害淫之以色啗之以利養之以味娛之以樂既離其親必使遠民勿使知謀扶而納之莫覺其意然後可成惠施於民必無愛財民如牛馬數餧食之從而愛之心以啓智智以啓財財以啓衆衆以啓賢賢之有啓以王天下

六韜卷第二

六韜卷第三

龍韜

王翼

武王問太公曰王者帥師必有股肱羽翼以成威神爲之柰何太公曰凡舉兵帥師以將爲命命在通達不守一術因能受職各取所長隨時變化以爲綱紀故將有股肱羽翼七十二人以應天道備數如法審知命理殊能異技萬事畢矣武王曰請問其目太公曰腹心一人主潛謀應卒揆天消變摠攬計謀保全民命謀士五人主圖安危慮未萌論行能明賞罰授

官位決嫌疑定可否天文三人主司星曆候風氣推時日考符驗校災異知人心去就之機地利三人主三軍行止形勢利害消息遠近險易水涸山阻不失地利兵法九人主講論異同行事成敗簡練兵器刺舉非法通糧四人主度飲食蓄積通糧道致五穀令三軍不困乏奮威四人主擇材力論兵革風馳電擊不知所由伏鼓旗三人主伏鼓旗明耳目詭符節謬號令闇忽往來出入若神股肱四人主任重持難修溝塹治壁壘以備守禦通材三人主拾遺補過應偶賓客論議談語消患解結權士三人主行奇譎設殊

異非人所識行無窮之變耳目七人主往來聽言視變覽四方之事軍中之情爪牙五人主揚威武激勵三軍使冒難攻銳無所疑慮羽翼四人主揚名譽震遠方摇動四境以弱敵心遊士八人主伺姦候變開闔人情觀敵之意以爲間諜術士二人主爲譎詐依託鬼神以惑衆心方士二人主百藥以治金瘡以痊萬病法算二人主計會三軍營壁糧食財用出入

論將

武王問太公曰論將之道奈何太公曰將有五材十過武王曰敢問其目太公曰所謂五材者勇智仁信

忠也勇則不可犯智則不可亂仁則愛人信則不欺忠則無二心所謂十過者有勇而輕死者有急而心速者有貪而好利者有仁而不忍人者有智而心怯者有信而喜信人者有廉潔而不愛人者有智而心緩者有剛毅而自用者有懦而喜任人者勇而輕死者可暴也急而心速者可久也貪而好利者可遺也仁而不忍人者可勞也智而心怯者可窘也信而喜信人者可誑也廉潔而不愛人者可侮也智而心緩者可襲也剛毅而自用者可事也懦而喜任人者可欺也故兵者國之大事存亡之道命在於將將者國

之輔先王之所重也故置將不可不察也故曰兵不兩勝亦不兩敗兵出踰境期不十日不有亡國必有破軍殺將武王曰善哉

選將

武王問太公曰王者舉兵欲簡練英雄知士之高下爲之柰何太公曰夫士外貌不與中情相應者十五有嚴而不肖者有溫良而爲盜者有貌恭敬而心慢者有外廉謹而內無至誠者有精精而無情者有湛湛而無誠者有好謀而不決者有如果敢而不能者有悾悾而不信者有怳怳惚惚而反忠實者有詭激而有功效者有外勇而內怯者有肅肅而反易人者有嗃嗃而反靜慤者有勢虛形劣而外出無所不至無所不遂者天下所賤聖人所貴凡人莫知非有大明不見其際此士之外貌不與中情相應者也武王曰何以知之太公曰知之有八徵一曰問之以言以觀其辭二曰窮之以辭以觀其變三曰與之間謀以觀其誠四曰明白顯問以觀其德五曰使之以財以觀其廉六曰試之以色以觀其貞七曰告之以難以觀其勇八曰醉之以酒以觀其態八徵皆備則賢不肖別矣

立將

武王問太公曰立將之道奈何太公曰凡國有難君避正殿召將而詔之曰社稷安危一在將軍今某國不臣願將軍帥師應之將既受命乃命太史卜齋三日之太廟鑽靈龜卜吉日以授斧鉞君入廟門西面而立將入廟門北面而立君親操鉞持首授將其柄曰從此上至天者將軍制之復操斧持柄授將其刃曰從此下至淵者將軍制之見其虛則進見其實則止勿以三軍爲衆而輕敵勿以受命爲重而必死勿以身貴而賤人勿以獨見而違衆勿以辯說爲必然士未坐勿坐士未食勿食寒暑必同如此則士衆必盡死力將已受命拜而報君曰臣聞國不可從外治軍不可從中御二心不可以事君疑志不可以應敵臣既受命專斧鉞之威臣不敢生還願君亦垂一言之命於臣君不許臣臣不敢將君許之乃辭而行軍中之事不聞君命皆由將出臨敵決戰無有二心若此則無天於上無地於下無敵於前無君於後是故智者爲之謀勇者爲之鬬氣厲青雲疾若馳騖兵不接刃而敵降服戰勝於外功立於內吏遷士賞百姓懽說將無咎殃是故風雨時節五穀豐熟社稷安寧

武王曰善哉

將威

武王問太公曰將何以爲威何以爲明何以爲禁止而令行太公曰將以誅大爲威以賞小爲明以罰審爲禁止而令行故殺一人而三軍震者殺之賞一人而萬人說者賞之殺貴大賞貴小殺及當路貴重之臣是刑上極也賞及牛豎馬洗廏養之徒是賞下通也刑上極賞下通是將威之所行也

勵軍

武王問太公曰吾欲令三軍之衆攻城爭先登野戰

爭先赴聞金聲而怒聞鼓聲而喜爲之奈何太公曰將有三武王曰敢問其目太公曰將冬不服裘夏不操扇雨不張蓋名曰禮將將不身服禮無以知士卒之寒暑出隘塞犯泥塗將必先下步名曰力將將不身服力無以知士卒之勞苦軍皆定次將乃就舍炊者皆熟將乃就食軍不舉火將亦不舉名曰止欲將將不身服止欲無以知士卒之飢飽將與士卒共寒暑勞苦飢飽故三軍之衆聞鼓聲則喜聞金聲則怒高城深池矢石繁下士爭先登白刃始合士爭先赴士非好死而樂傷也爲其將知寒暑飢飽之審而

見勞苦之明也

陰符

武王問太公曰引兵深入諸侯之地三軍卒有緩急或利或害吾將以近通遠從中應外以給三軍之用爲之柰何太公曰主與將有陰符凡八等有大勝克敵之符長一尺破軍擒將之符長九寸降城得邑之符長八寸卻敵報遠之符長七寸警衆堅守之符長六寸請糧益兵之符長五寸敗軍亡將之符長四寸失利亡士之符長三寸諸奉使行符稽留若符事聞泄告者皆誅之八符者主將祕聞所以陰通言語不泄中外相知之術敵雖聖智莫之能識武王曰善哉

陰書

武王問太公曰引兵深入諸侯之地主將欲合兵行無窮之變圖不測之利其事煩多符不能明相去遼遠言語不通爲之柰何太公曰諸有陰事大慮當用書不用符主以書遺將將以書問主書皆一合而再離三發而一知再離者分書爲三部三發而一知者言三人人操一分相參而不相知情也此謂陰書敵雖聖智莫之能識武王曰善哉

軍勢

武王問太公曰攻伐之道奈何太公曰資因敵家之
動變生於兩陣之間奇正發於無窮之源故至事不
語用兵不言且事之至者其言不足聽也兵之用者
其狀不足見也倏而往忽而來能獨專而不制者兵
也夫兵聞則議見則圖知則困辨則危故善戰者不
待張軍善除患者理於未生善勝敵者勝於無形上
戰無與戰故爭勝於白刃之前者非良將也設備於
已失之後者非上聖也智與衆同非國師也技與衆
同非國工也事莫大於必克用莫大於玄默動莫神
於不意謀莫善於不識夫先勝者先見弱於敵而後

戰者也故事半而功倍焉聖人徵於天地之動孰知
其紀循陰陽之道而從其候當天地盈縮因以爲常
物有死生因天地之形故曰未見形而戰雖衆必敗
善戰者居之不撓見勝則起不勝則止故曰無恐懼
無猶豫用兵之害猶豫最大三軍之災莫過狐疑善
者見利不失遇時不疑失利後時反受其殃故智者
從之而不釋巧者一決而不猶豫是以疾雷不及掩
耳迅電不及瞑目赴之若驚用之若狂當之者破近
之者亡孰能禦之夫將有所不言而守者神也有所
不見而視者明也故知神明之道者野無衡敵對無

立國武王曰善哉

奇兵

武王問太公曰凡用兵之道大要何如太公曰古之善戰者非能戰於天上非能戰於地下其成與敗皆由神勢得之者昌失之者亡夫兩陳之間出甲陳兵縱卒亂行者所以爲變也深草蓊蘙者所以逃遁也谿谷險阻者所以止車禦騎也隘塞山林者所以少擊衆也坳澤窈冥者所以匿其形也清明無隱者所以戰勇力也疾如流矢如發機者所以破精微也詭伏設奇遠張誑誘者所以破軍擒將也四分五

裂者所以擊圓破方也因其驚駭者所以一擊十也因其勞倦暮舍者所以十擊百也奇伎者所以越深水渡江河也彊弩長兵者所以踰水戰也長關遠候暴疾謬遁者所以降城服邑也鼓行喧囂者所以行奇謀也大風甚雨者所以搏前擒後也僞稱敵使者所以絕糧道也謬號令與敵同服者所以備走北也戰必以義者所以勵衆勝敵也尊爵重賞者所以勸用命也嚴刑罰者所以進罷怠也一喜一怒一與一奪一文一武一徐一疾者所以調和三軍制一臣下也處高敞者所以警守也保阻險者所以爲固也

山林茂穢者所以默往來也深溝高壘粮多者所以持久也故曰不知戰攻之策不可以語敵不能分移不可以語奇不通治亂不可以語變故曰將不仁則三軍不親將不勇則三軍不銳將不智則三軍大疑將不明則三軍大傾將不精微則三軍失其機將不常戒則三軍失其備將不彊力則三軍失其職故將者人之司命三軍與之俱治與之俱亂得賢將者兵彊國昌不得賢將者兵弱國亡武王曰善哉

五音

武王問太公曰律音之聲可以知三軍之消息勝

負之決乎太公曰深哉王之問也夫律管十二其要有五音宮商角徵羽此其正聲也萬代不易五行之神道之常也可以知敵金木水火土各以其勝攻之古者三皇之世虛無之情以制剛彊無有文字皆由五行五行之道天地自然六甲之分微妙之神其法以天清淨無陰雲風雨夜半遣輕騎往至敵人之壘去九百步外偏持律管當耳大呼驚之有聲應管其來甚微角聲應管當以白虎徵聲應管當以玄武商聲應管當以朱雀羽聲應管當以勾陳五管聲盡不應者宮也當以青龍此五行之符佐勝之徵成敗之

機武王曰善哉太公曰微妙之音皆有外候武王曰何以知之太公曰敵人驚動則聽之聞枹鼓之音者角也見火光者徵也聞金鐵矛戟之音者商也聞人嘯呼之音者羽也寂寞無聞者宮也此五者聲色之符也

兵徵

武王問太公曰吾欲未戰先知敵人之強弱豫見勝負之徵爲之柰何太公曰勝負之徵精神先見明將察之其敗在人謹候敵人出入進退察其動靜言語袄祥士卒所告凡三軍說懌士卒畏法敬其將命相

喜以破敵相陳以勇猛相賢以威武此強徵也三軍數驚士卒不齊相恐以敵強相語以不利耳目相屬袄言不止衆口相惑不畏法令不重其將此弱徵也三軍齊整陳勢已固深溝高壘又有大風甚雨之利三軍無故旌旗前指金鐸之聲揚以清鼙鼓之聲宛以鳴此得神明之助大勝之徵也行陳不固旌旗亂而相繞逆大風甚雨之利士卒恐懼氣絕而不屬戎馬驚奔兵車折軸金鐸之聲下以濁鼙鼓之聲濕如沐此大敗之徵也凡攻城圍邑城之氣色如死灰城可屠城之氣出而北城可克城之氣出而西城必降

城之氣出而南城不可拔城之氣出而東城不可攻城之氣出而復入城主逃北城之氣出而覆我軍之上軍必病城之氣出高而無所止用日長久凡攻城圍邑過旬不雷不雨必亟去之城必有大輔此所以知可攻而攻不可攻而止武王曰善哉

農器

武王問太公曰天下安定國家無事戰攻之具可無修乎守禦之備可無設乎太公曰戰攻守禦之具盡在於人事耒耜者其行馬蒺藜也馬牛車輿者其營壘蔽櫓也鋤耰之具其矛戟也蓑薜簦笠者其甲冑干楯也钁鍤斧鋸杵臼其攻城器也牛馬所以轉輸糧用也雞犬其伺候也婦人織紝其旌旗也丈夫平壤其攻城也春鏺草棘其戰車騎也夏耨田疇其戰步兵也秋刈禾薪其糧食儲備也冬實倉廩其堅守也田里相伍其約束符信也里有吏官有長其將帥也里有周垣不得相過其隊分也輸粟收芻其廪庫也春秋治城郭修溝渠其塹壘也故用兵之具盡在於人事也善為國者取於人事故必使遂其六畜闢其田野安其處所丈夫治田有畝數婦人織紝有尺度是富國強兵之道也武王曰善哉

六韜卷第四

虎韜

軍用

武王問太公曰王者舉兵三軍器用攻守之具科品衆寡豈有法乎太公曰大哉王之問也夫攻守之具各有科品此兵之大威也武王曰願聞之太公曰凡用兵之大數將甲士萬人法用武衛大扶胥三十六乘材士強弩矛戟爲翼一車二十四人推之以八尺車輪車上立旗鼓兵法謂之震駭陷堅陳敗強敵武翼大櫓矛戟扶胥七十二具材士強弩矛戟爲翼以

五尺車輪絞車連弩自副陷堅陳敗強敵提翼小櫓扶胥一百四十具絞車連弩自副以鹿車輪陷堅陳敗強敵大黃參連弩大扶胥三十六乘材士強弩矛戟爲翼飛鳬電影自副飛鳬赤莖白羽以銅爲首電影青莖赤羽以鐵爲首晝則以絳縞長六尺廣六寸爲光耀夜則以白縞長六尺廣六寸爲流星陷堅陳敗步騎大扶胥衝車三十六乘螳蜋武士共載可以縱擊橫可以敗敵輜車騎寇一名電車兵法謂之電擊陷堅陳敗步騎寇夜來前矛戟扶胥輕車一百六十乘螳蜋武士三人共載兵法謂之霆擊陷堅陳敗

步騎方首鐵棓維朌重十二斤柄長五尺以上千二
百枚一名天棓大柯斧刃長八寸重八斤柄長五尺
以上千二百枚一名天鉞方首鐵鎚重八斤柄長五
尺以上千二百枚一名天鎚敗步騎羣寇飛鈎長八
寸鈎芒長四寸柄長六尺以上千二百枚以投其衆
三軍拒守木螳蜋劒刃扶胥廣二丈百二十具一名
行馬平易地以步兵敗車騎木蒺藜去地二尺五寸
百二十具敗步騎要窮寇遮走北軸旋短衝矛戟扶
胥百二十具黃帝所以敗蚩尤氏敗步騎要窮寇遮
走北狹路微徑張鐵蒺藜芒高四寸廣八寸長六尺
以上千二百具敗步騎突暝來前促戰白刃接張地
羅鋪兩鏃蒺藜參連織女芒間相去二寸萬二千
具曠野草中方胷鋋矛千二百具張鋋矛法高一尺
五寸敗步騎要窮寇遮走北狹路微徑地陷鐵械鎖
參連百二十具敗步騎要窮寇遮走北壘門拒守矛
戟小櫓十二具絞車連弩自副三軍拒守天羅虎落
鎖連一部廣一丈五尺高八尺百二十具虎落劒刃
扶胥廣一丈五尺高八尺五百二十具渡溝塹飛橋
一間廣一丈五尺長二丈以上着轉關轆轤八具以
環利通索張之渡大水飛江廣一丈五尺長二丈以

上八具以環利通索張之天浮鐵螳蜋矩內圓外徑四尺以上環絡自副三十二具以天浮張飛江濟大海謂之天潢一名天舡山林野居結虎落柴營環利鐵鎖長二丈以上千二百枚環利大通索大四寸長四丈以上六百枚環利中通索大二寸長四丈以上二百枚環利小徽縲長二丈以上萬二千枚天雨蓋重車上板結枲鉏鋙廣四尺長四丈以上車一具以鐵杙張之伐木大斧重八斤柄長三尺以上三百枚棨钁刃廣六寸柄長五尺以上三百枚銅築固為垂長五尺以上三百枚鷹爪方胸鐵杷柄長七尺以上三百枚方胸鐵叉柄長七尺以上三百枚方胸兩枝鐵叉柄長七尺以上三百枚芟草木大鐮柄長七尺以上三百枚大櫓刀重八斤柄長六尺三百枚委環鐵杙長三尺以上三百枚椓杙大鎚重五斤柄長二尺以上百二十具甲士萬人強弩六千戟楯二千矛楯二千修治攻具砥礪兵器巧手三百人此舉兵軍用之大數也武王曰允哉

三陳

武王問太公曰凡用兵為天陳地陳人陳奈何太公曰日月星辰斗杓一左一右一向一背此謂天陳丘

陵水泉亦有前後左右之利此謂地陳用車用馬用文用武此謂人陳武王曰善哉

疾戰

武王問太公曰敵人圍我斷我前後絕我糧道爲之柰何太公曰此天下之困兵也暴用之則勝徐用之則敗如此者爲四武衝陳以武車驍騎驚亂其軍而疾擊之可以横行武王曰若已出圍地欲因以爲勝爲之柰何太公曰左軍疾左右軍疾右無與敵人爭道中軍迭前迭後敵人雖衆其將可走

必出

武王問太公曰引兵深入諸侯之地敵人四合而圍我斷我歸道絕我糧食敵人既衆糧食甚多險阻又固我欲必出爲之柰何太公曰必出之道器械爲寶勇鬬爲首審知敵人空虛之地無人之處可以必出將士人持玄旗操器械設銜枚夜出勇力飛足冒將之士居前平壘爲軍開道材士強弩爲伏兵居後弱卒車騎居中陳畢徐行愼無驚駭以武衝扶胥前後拒守武翼大櫓以備左右敵人若驚勇力冒將之士疾擊而前弱卒車騎以屬其後材士強弩隱伏而處審候敵人追我伏兵疾擊其後多其火鼓若從地出

若從天下三軍勇鬬莫我能禦武王曰前有大水廣塹深坑我欲踰渡無舟楫之備敵人屯壘限我軍前塞我歸道斥候常戒險塞盡中車騎要我前勇士擊我後爲之奈何太公曰大水廣塹深坑敵人所不守或能守之其卒必寡若此者以飛江轉關與天潢以濟吾軍勇力材士從我所指衝敵絶陳皆致其死先燔吾輜重燒吾糧食明告吏士勇鬬則生不勇則死已出者令我踵軍設雲火遠候必依草木丘墓險阻敵人車騎必不敢遠追長驅因以火爲記先出者令至火而止爲四武衝陳如此則吾三軍皆精銳勇鬬莫我能止武王曰善哉

軍略

武王問太公曰引兵深入諸侯之地遇深谿大谷險阻之水吾三軍未得畢濟而天暴雨流水大至後不得屬於前無有舟梁之備又無水草之資吾欲畢濟使三軍不稽留爲之奈何太公曰凡帥師將衆慮不先設器械不備教不素信士卒不習若此不可以爲王者之兵也凡三軍有大事莫不習用器械攻城圍邑則有轒轀臨衝視城中則有雲梯飛樓三軍行止則有武衝大櫓前後拒守絶道遮街則有材士強弩

衝其兩旁設營壘則有天羅武落行馬蒺藜晝則登雲梯遠望立五色旌旗夜則設雲火萬炬擊雷鼓振鼙鐸吹鳴笳越溝塹則有飛橋轉關轆轤鉏鋙濟大水則有天潢飛江逆波上流則有浮海絕江三軍用備主將何憂

臨境

武王問太公曰吾與敵人臨境相拒彼可以來我可以往陳皆堅固莫敢先舉我欲往而襲之彼亦可來爲之柰何太公曰分兵三處令軍前軍深溝增壘而無出列旌旗擊鼙鼓完爲守備令我後軍多積糧

食無使敵人知我意發我銳士潛襲其中擊其不意攻其無備敵人不知我情則止不來矣武王曰敵人知我之情通我之謀動而得我事其銳士伏於深草要隘路擊我便處爲之柰何太公曰令我前軍日出挑戰以勞其意令我老弱曳柴揚塵鼓呼而往來或出其左或出其右去敵無過百步其將必勞其卒必駭如此則敵人不敢來吾往者不止或襲其內或擊其外三軍疾戰敵人必敗

動靜

武王問太公曰引兵深入諸侯之地與敵之軍相當

兩陳相望衆寡彊弱相等未敢先舉吾欲令敵人將帥恐懼士卒心傷行陳不固後陳欲走前陳數顧鼓譟而乘之敵人遂走爲之柰何太公曰如此者發我兵去寇十里而伏其兩旁車騎百里而越其前後多其旌旗益其金鼓戰合鼓譟而俱起敵將必恐其軍驚駭衆寡不相救貴賤不相待敵人必敗武王曰敵之地勢不可以伏其兩旁車騎又無以越其前後敵知我慮先施其備我士卒心傷將帥恐懼戰則不勝爲之柰何太公曰微哉王之問也如此者先戰五日發我遠候往視其動靜審候其來設伏而待之必於

死地與敵相避遠我旌旗疏我行陳必奔其前與敵相當戰合而走擊金無止三里而還伏兵乃起或陷其兩旁或擊其前後三軍疾戰敵人必走武王曰善哉

金鼓

武王問太公曰引兵深入諸侯之地與敵相當而天大寒、甚暑日夜霖雨旬日不止溝壘悉壞隘塞不守斥候懈怠士卒不戒敵人夜來三軍無備上下惑亂爲之柰何太公曰凡三軍以戒爲固以怠爲敗令我壘上誰何不絶人執旌旗外內相望以號相命勿令夂音而皆外向三千人爲一屯誡而約之各愼其處敵人若來親我軍之警戒至而必還力盡氣怠發我銳士隨而擊之武王曰敵人知我隨之而伏其銳士佯北不止過伏而還或擊我前或擊我後或薄我壘吾三軍大恐擾亂失次離其處所爲之柰何太公曰分爲三隊隨而追之勿越其伏三隊俱至或擊其前後或陷其兩旁明號審令疾擊而前敵人必敗

絶道

武王問太公曰引兵深入諸侯之地與敵相守敵人絶我粮道又越我前後吾欲戰則不可勝欲守則不可久爲之柰何太公曰凡深入敵人之地必察地之形勢務求便利依山林險阻水泉林木而爲之固謹守關梁又知城邑丘墓地形之利如是則我軍堅固敵人不能絶我粮道又不能越我前後武王曰吾三軍過大陵廣澤平易之地吾盟誤失卒與敵人相薄以戰則不勝以守則不固敵人翼我兩旁越我前後三軍大恐爲之柰何太公曰凡帥師之法當先發遠候去敵二百里審知敵人所在地勢不利則以武衛爲壘而前又置兩踵軍於後遠者百里近者五十里即有警急前後相救吾三軍常完堅必無毁傷武

王曰善哉

略地

武王問太公曰戰勝深入略其地有大城不可下其別軍守險與我相拒我欲攻城圍邑恐其別軍卒至而擊我中外相合擊我表裏三軍大亂上下恐駭爲之柰何太公曰凡攻城圍邑車騎必遠屯衛警戒阻其外内中人絶糧外不得輸城人恐怖其將必降武王曰中人絶糧外不得輸陰爲約誓相與密謀夜出窮寇死戰其車騎鋭士或衝我内或擊我外士卒迷惑三軍敗亂爲之柰何太公曰如此者當分軍爲三

軍謹視地形而處審知敵人別軍所在及其大城別堡爲之置遺缺之道以利其心謹備勿失敵人恐懼不入山林即歸大邑走其別軍車騎遠要其前勿令遺脫中人以爲先出者得其徑道其練卒材士必出其老弱獨在車騎深入長驅敵人之軍必莫敢至愼勿與戰絶其糧道圍而守之必久其日無燔人積聚無壞人宮室冢樹社叢勿伐降者勿殺得而勿戮示之以仁義施之以厚德令其士民曰罪在一人如此則天下和服武王曰善哉

火戰

武王問太公曰引兵深入諸侯之地遇深草蓊穢周吾軍前後左右三軍行數百里人馬疲倦休止敵人因天燥疾風之利燔吾上風車騎銳士堅伏吾後吾三軍恐怖散亂而走爲之奈何太公曰若此者則以雲梯飛樓遠望左右謹察前後見火起即燔吾前而廣延之又燔吾後敵人若至則引軍而却按黑地而堅處敵人之來猶在吾後見火起必還走吾按黑地而處強弩材士衛吾左右又燔吾前後若此則敵不能害我武王曰敵人燔吾左右又燔吾前後煙覆吾軍其大兵按黑地而起爲之奈何太公曰若此者爲四武衝陳強弩翼吾左右其法無勝亦無負

壘虛

武王問太公曰何以知敵壘之虛實自來自去太公曰將必上知天道下知地理中知人事登高下望以觀敵之變動望其壘即知其虛實望其士卒則知其去來武王曰何以知之太公曰聽其鼓無音鐸無聲望其壘上多飛鳥而不驚上無氛氣必知敵詐而爲偶人也敵人卒去不遠未定而復返者彼用其士卒太疾也太疾則前後不相次不相次則行陳必亂如此者急出兵擊之以少擊衆則必勝矣

六韜卷第五

豹韜

林戰

武王問太公曰引兵深入諸侯之地遇大林與敵分林相拒吾欲以守則固以戰則勝爲之柰何太公曰使吾三軍分爲衝陳便兵所處弓弩爲表戟楯爲裏斬除草木極廣吾道以便戰所高置旌旗謹勑三軍無使敵人知吾之情是謂林戰林戰之法率吾矛戟相與爲伍林間木踈以騎爲輔戰車居前見便則戰不見便則止林多險阻必置衝陳以備前後三軍疾戰敵人雖衆其將可走更戰更息各按其部是謂林戰之紀

突戰

武王問太公曰敵人深入長驅侵掠我地驅我牛馬其三軍大至薄我城下吾士卒大恐人民係累爲敵所虜吾欲以守則固以戰則勝爲之柰何太公曰如此者謂之突兵其牛馬必不得食士卒絶糧暴擊而前令我遠邑別軍選其鋭士疾擊其後審其期日必會於晦三軍疾戰敵人雖衆其將可虜武王曰敵人分爲三四或戰而侵掠我地或止而收我牛馬其大

軍未盡至而使寇薄我城下　吾三軍恐懼爲之柰何太公曰謹候敵人未盡至則設備而待之去城四里而爲壘金鼓旌旗皆列而張別隊爲伏兵令我壘上多積強弩百步一突門門有行馬車騎居外勇力鋭士隱伏而處敵人若至使我輕卒合戰而佯走令我城上立旌旗擊鼙鼓完爲守備敵人以我爲守城必薄我城下發吾伏兵以衝其内或擊其外三軍疾戰或擊其前或擊其後勇者不得鬬輕者不及走名曰突戰敵人雖衆其將必走武王曰善哉

敵強

武王問太公曰引兵深入諸侯之地與敵人衝軍相當敵衆我寡敵強我弱敵人夜來或攻吾左或攻吾右三軍震動吾欲以戰則勝以守則固爲之柰何太公曰如此者謂之震寇利以出戰不可以守選吾材士強弩車騎爲之左右疾擊其前急攻其後或擊其表或擊其裏其卒必亂其將必駭武王曰敵人遠遮我前急攻我後斷我鋭兵絶我材士吾内外不得相聞三軍擾亂皆散而走士卒無鬬志將吏無守心爲之柰何太公曰明哉王之問也當明號審令出我勇鋭冒將之士人操炬火二人同鼓必知敵人所在或

擊其表或擊其裏微號相知令之滅火鼓音皆止中外相應期約皆當三軍疾戰敵必敗亡武王曰善哉

敵武

武王問太公曰引兵深入諸侯之地卒遇敵人甚衆且武武車驍騎繞我左右吾三軍皆震走不可止爲之奈何太公曰如此者謂之敗兵善者以勝不善者以亡武王曰用之奈何太公曰伏我材士強弩武車驍騎爲之左右常去前後三里敵人逐我發我車騎衝其左右如此則敵人擾亂吾走者自止武王曰敵人與我車騎相當敵衆我少敵強我弱其來整治精銳吾陳不敢當爲之奈何太公曰選我材士強弩伏於左右車騎堅陳而處敵人過我伏兵積弩射其左右車騎銳兵疾擊其軍或擊其前或擊其後敵人雖衆其將必走武王曰善哉

鳥雲山兵

武王問太公曰引兵深入諸侯之地遇高山盤石其上亭亭無有草木四面受敵吾三軍恐懼士卒迷惑吾欲以守則固以戰則勝爲之奈何太公曰凡三軍處山之高則爲敵所棲處山之下則爲敵所囚既以被山而處必爲鳥雲之陳鳥雲之陳陰陽皆備或屯

其陰或屯其陽處山之陽備山之陰處山之陰備山之陽處山之左備山之右處山之右備山之左其山敵所能陵者兵備其表衢道通谷絕以武車高置旌旗謹勑三軍無使敵人知吾之情是謂山城行列已定士卒已陳法令已行奇正已設各置衝陳於山之表便兵所處乃分車騎爲鳥雲之陳三軍疾戰敵人雖衆其將可擒

鳥雲澤兵

武王問太公曰引兵深入諸侯之地與敵人臨水相拒敵富而衆我貧而寡踰水擊之則不能前欲久其

日則糧食少吾居斥鹵之地四旁無邑又無草木三軍無所掠取牛馬無所芻牧爲之奈何太公曰三軍無備牛馬無食士卒無糧如此者索便詐敵而亟去之設伏兵於後武王曰敵不可得而詐吾士卒迷惑敵人越我前後吾三軍敗亂而走爲之奈何太公曰求途之道金玉爲主必因敵使精微爲寶武王曰敵人知我伏兵大軍不肯濟別將分隊以踰於水吾三軍大恐爲之奈何太公曰如此者分爲衝陳便兵所處須其畢出發我伏兵疾擊其後強弩兩旁射其左右車騎分爲鳥雲之陳備其前後三軍疾戰敵人見

我戰合其大軍必濟水而來發我伏兵疾擊其後車騎衝其左右敵人雖衆其將可走凡用兵之大要當敵臨戰必宜衝陣便兵所處然後以軍騎分爲鳥雲之陳此用兵之奇也所謂鳥雲者鳥散而雲合變化無窮者也武王曰善哉

少衆

武王問太公曰吾欲以少擊衆以弱擊彊爲之柰何太公曰以少擊衆者必以日之暮伏於深草要之隘路以弱擊彊者必得大國而與隣國之助武王曰我無深草又無隘路敵人已至不適日暮我無大國之

與又無隣國之助爲之柰何太公曰妄張詐誘以熒惑其將迂其道令過深草遠其路令會日路前行未渡水後行未及舍發我伏兵疾擊其左右車騎擾亂其前後敵人雖衆其將可走事大國之君下鄰國之士厚其幣卑其辭如此則得大國之與鄰國之助矣武王曰善哉

分險

武王問太公曰引兵深入諸侯之地與敵人相遇於險阨之中吾左山而右水敵右山而左水與我分險相拒各欲以守則固以戰則勝爲之柰何太公曰處

山之左急備山之右處山之右急備山之左險有大水無舟楫者以天潢濟吾三軍已濟者亟廣吾道以便戰所以武衝爲前後列其強弩令行陳皆固衢道谷口以武衝絶之高置旌旗是謂車城凡險戰之法以武衝爲前大櫓爲衛材士強弩翼吾左右三千人爲屯必置衝陳便兵所處左軍以左右軍以右中軍以中並攻而前已戰者還歸屯所更戰更息必勝乃已武王曰善哉

六韜卷第五

六韜卷第六

犬韜

分兵

武王問太公曰王者帥師三軍分爲數處將欲期會合戰約誓賞罰爲之柰何太公曰凡用兵之法三軍之衆必有分合之變其大將先定戰地戰日然後移檄書與諸將吏期攻城圍邑各會其所明告戰日漏刻有時大將設營而陳立表轅門清道而待諸將吏至者校其先後先期至者賞後期至者斬如此則遠近奔集三軍俱至并力合戰

武鋒

武王問太公曰凡用兵之要必有武車驍騎馳陳選鋒見可則擊之如何則可擊太公曰夫欲擊者當審察敵人十四變變見則擊之敵人必敗武王曰十四變可得聞乎太公曰敵人新集可擊人馬未食可擊天時不順可擊地形未得可擊奔走可擊不戒可擊疲勞可擊將離士卒可擊涉長路可擊濟水可擊不暇可擊阻難狹路可擊亂行可擊心怖可擊

練士

武王問太公曰練士之道柰何太公曰軍中有大勇

敢死樂傷者聚爲一卒名曰冐刃之士有鋭氣壯勇彊暴者聚爲一卒名曰陷陳之士有奇表長劒接武齊列者聚爲一卒名曰勇鋭之士有拔距伸鈎彊梁多力潰破金鼓絶滅旌旗者聚爲一卒名曰勇力之士有踰高絶遠輕足善走者聚爲一卒名曰寇兵之士有王臣失勢欲復見功者聚爲一卒名曰死鬭之士有死將之人子弟欲與其將報仇者聚爲一卒名曰敢死之士有贅婿人虜欲掩迹揚名者聚爲一卒名曰勵鈍之士有貧窮憤怒欲快其心者聚爲一卒名曰必死之士有胥靡免罪之人欲逃其耻者聚爲一卒名曰倖用之士有材技兼人能負重致遠者聚爲一卒名曰待命之士此軍之服習不可不察也

教戰

武王問太公曰合三軍之衆欲令士卒練士教戰之道奈何太公曰凡領三軍有金鼓之節所以整齊士衆者也將必先明告吏士申之以三令以教操兵起居旌旗指麾之變法故教吏士使一人學戰教成合之十人十人學戰教成合之百人百人學戰教成合之千人千人學戰教成合之萬人萬人學戰教成合之三軍之衆大戰之法教成合之百萬之衆故能

成其大兵立威於天下武王曰善哉

均兵

武王問太公曰以車與步卒戰一車當幾步卒幾步卒當一車以騎與步卒戰一騎當幾步卒幾步卒當一騎以車與騎戰一車當幾騎幾騎當一車太公曰車者軍之羽翼也所以陷堅陳要彊敵遮走北也騎者軍之伺候也所以踵敗軍絶糧道擊便寇也故車騎不敵戰則一騎不能當步卒一人三軍之衆成陳而相當則易戰之法一車當步卒八十人八十人當一車一騎當步卒八人八人當一騎一車當十騎十騎當一車險戰之法一車當步卒四十人四十人當一

車一騎當步卒四人四人當一騎一車當六騎六騎當一卒夫車騎者軍之武兵也十乘敗千人百乘敗萬人十騎敗百人百騎走千人此其大數也武王曰車騎之吏數陳法柰何太公曰置車之吏數五車一長十車一吏五十車一率百車一將易戰之法五車爲列相去四十步左右十步隊間六十步險戰之法車必循道十車爲聚二十車爲屯前後相去二十步左右六步隊間三十六步五車一長縱横相去二里各返故道置騎之吏數五騎一長十騎一吏百騎

一率二百騎一將易戰之法五騎爲列前後相去二十步左右四步隊間五十步險戰者前後相去十步左右二步隊間二十五步三十騎爲一屯六十騎爲一輩十騎一吏縱横相去百步周環各復故處武王曰善哉

武車士

武王問太公曰選車士奈何太公曰選車士之法取年四十已下長七尺五寸已上走能逐奔馬及馳而乘之前後左右上下周旋能縛束旌旗力能彀八石弩射前後左右皆便習者名曰武車之士不可不厚也

武騎士

武王問太公曰選騎士奈何太公曰選騎士之法取年四十已下長七尺五寸已上壯健捷疾超絶倫等能馳騎彀射前後左右周旋進退越溝塹登丘陵冒險阻絶大澤馳强敵亂大衆者名曰武騎之士不可不厚也

戰車

武王問太公曰戰車奈何太公曰步貴知變動車貴知地形騎貴知別徑奇道三軍同名而異用也凡車之死地有十其勝地有八武王曰十死之地奈何太

公曰往而無以還者車之死地也越絕險阻乘敵遠行者車之竭地也前易後險者車之困地也陷之險阻而難出者車之絕地也圮下漸澤黒土黏埴者車之勞地也左險右易上陵仰阪者車之逆地也殷草横畝犯歷深澤者車之拂地也車少地易與步不敵者車之敗地也後有溝瀆左有深水右有峻阪者車之壞地也日夜霖雨旬日不止道路潰陷前不能進後不能解者車之陷地也此十者車之死地也故拙將之所以見擒明將之所以能避也武王曰八勝之地奈何太公曰敵之前後行陳未定即陷之旌旗擾亂人馬數動即陷之士卒或前或後或左或右即陷之陳不堅固士卒前後相顧即陷之前往而疑後恐而怯即陷之三軍卒驚皆薄而起即陷之戰於易地暮不能解即陷之遠行而暮舍三軍恐懼即陷之此八者車之勝地也將明於十害八勝敵雖圍周千乘萬騎前驅旁馳萬戰必勝武王曰善哉

戰騎

武王問太公曰戰騎奈何太公曰騎有十勝九敗武王曰十勝奈何太公曰敵人始至行陳未定前後不屬陷其前騎擊其左右敵人必走敵人行陳整齊堅

退漸洳此騎之患地也左有深溝右有坑阜高下如平地進退誘敵此騎之陷地也此九者騎之死地也明將之所以遠避闇將之所以陷敗也

戰步

武王問太公曰步兵車騎戰奈何太公曰步兵與車騎戰者必依丘陵險阻長兵強弩居前短兵弱弩居後更發更止敵之車騎雖衆而至堅陣疾戰材士強弩以備我後武王曰吾無丘陵又無險阻敵人之至既衆且武車騎翼我兩旁獵我前後吾三軍恐怖亂敗而走爲之奈何太公曰令我士卒爲行馬木蒺藜

置牛馬隊伍爲四武衝陣望敵車騎將來均置蒺藜掘地匝後廣深五尺名曰命籠人操行馬進步闌車以爲壘推而前後立而爲屯材士強弩備我左右然後令我三軍皆疾戰而不解武王曰善哉

六韜卷第六

黄石公三略卷上

上略

夫主將之灋務攬英雄之心賞祿有功通志於衆故與衆同好靡不成與衆同惡靡不傾治國安家得人也亡國破家失人也含氣之類咸願得其志軍讖曰柔能制剛弱能制強柔者德也剛者賊也弱者人之所助強者怨之所攻柔有所設剛有所施弱有所用強有所加兼此四者而制其宜端末未見人莫能知天地神明與物推移變動無常因敵轉化不爲事先動而輒隨故能圖制無疆扶成天威匡正八極密定九夷如此謀者爲帝王師故曰莫不貪強鮮能守微若能守微乃保其生聖人存之動應事機舒之彌四海卷之不盈懷居之不以室宅守之不以城郭藏之胷臆而敵國服軍讖曰能柔能剛其國彌光能弱能強其國彌彰純柔純弱其國必削純剛純強其國必亡夫爲國之道恃賢與民信賢如腹心使民如四肢則策無遺所適如支體相隨骨節相救天道自然其巧無閒軍國之要察衆心施百務危者安之懼者歡之叛者還之冤者原之訴者察之卑者貴之強者抑之敵者殘之貪者豐之欲者使之畏者隱之謀者近

之讒者覆之毀者復之反者廢之橫者挫之滿者損之歸者招之服者居之降者脫之獲固守之獲阨塞之獲難屯之獲城割之獲地裂之獲財散之敵動伺之敵近備之敵強下之敵佚去之敵陵待之敵暴綏之敵悖義之敵睦攜之順舉挫之因勢破之放言過之四網羅之得而勿有居而勿守拔而勿久立而勿取爲者則已有者則士焉知利之所在彼爲諸侯已爲天子使城自保令士自取世能祖祖鮮能下下祖祖爲親下下爲君下下者務耕桑不奪其時薄賦歛不匱其財罕徭役不使其勞則國富而家娛然後

選士以司牧之夫所謂士者英雄也故曰羅其英雄則敵國窮英雄者國之幹庶民者國之本得其幹收其本則政行而無怨夫用兵之要在崇禮而重祿禮崇則智士至祿重則義士輕死故祿賢不愛財賞功不踰時則下力并而敵國削夫用人之道尊以爵贍以財則士自來接以禮勵以義則士死之夫將帥者必與士卒同滋味而共安危敵乃可加故兵有全勝敵有全因昔者良將之用兵有饋簞醪者使投諸河與士卒同流而飲夫一簞之醪不能味一河之水而三軍之士思爲致死者以滋味之及已也軍讖曰軍井

未達將不言渴軍幕未辦將不言倦軍竈未炊將不言飢冬不服裘夏不操扇雨不張蓋是謂將禮與之安與之危故其衆可合而不可離可用而不可疲以其恩素蓄謀素和也故曰蓄恩不倦以一取萬軍讖曰將之所以爲威者號令也戰之所以全勝者軍政也士之所以輕戰者用命也故將無還令賞罰必信如天如地乃可御人士卒用命乃可越境夫統軍持勢者將也制勝破敵者衆也故亂將不可使保軍乖衆不可使伐人攻城則不拔圖邑則不廢二者無功則士力疲獘士力疲獘則將孤衆悖以守則不固以戰則奔北是謂老兵兵老則將威不行將無威則士卒輕刑士卒輕刑則軍失伍軍失伍則士卒逃亡士卒逃亡則敵乘利敵乘利則軍必喪軍讖曰良將之統軍也恕己而治人推惠施恩士力日新戰如風發攻如河決故其衆可望而不可當可下而不可勝以身先人故其兵爲天下雄軍讖曰軍以賞爲表以罰爲裏賞罰明則將威行官人得則士卒服所任賢則敵國震軍讖曰賢者所適其前無敵故士可下而不可驕將可樂而不可憂謀可深而不可疑士驕則下不順將憂則內外不相信謀疑則敵國奮以此攻伐則致亂夫將者

國之命也將能制勝則國家安定軍讖曰將能清能
靜能平能整能受諫能聽訟能納人能採言能知國
俗能圖山川能表險難能制軍權故曰仁賢之智聖
明之慮負薪之言廊廟之語興衰之事將所宜聞將
者能思士如渴則策從焉夫將拒諫則英雄散策不
從則謀士叛善惡同則功臣倦專己則下歸咎自伐
則下少功信讒則衆離心貪財則姦不禁內顧則士
卒淫將有一則衆不服有二則軍無式有三則下奔
北有四則禍及國軍讖曰將謀欲密士衆欲一攻敵欲
疾將謀密則姦心閉士衆一則軍心結攻敵疾則備不

及設軍有此三者則計不奪將謀泄則軍無勢外闚
內則禍不制財入營則衆姦會將有此三者軍必敗
將無慮則謀士去將無勇則吏士恐將妄動則軍不
重將遷怒則一軍懼軍讖曰慮也勇也將之所重動
也怒也將之所用此四者將之明誡也軍讖曰軍無
財士不來軍無賞士不往軍讖曰香餌之下必有懸
魚重賞之下必有死夫故禮者士之所歸賞者士之
所死招其所歸示其所死則所求者至故禮而後悔
者士不止賞而後悔者士不使禮賞不倦則士爭死
軍讖曰興師之國務先隆恩攻取之國務先養民以

軍皆訟引威自與動違於衆無進無退苟然取容專任自己舉措伐功誹謗盛德誣述庸庸無善無惡皆與己同稽留行事命令不通造作奇政變古易常君用佞人必受禍殃軍讖曰姦雄相稱障蔽主明毀譽並興壅塞主聰各阿所以令主失忠故主察異言乃覩其萌主聘儒賢姦雄乃遯主任舊齒萬事乃理主聘巖穴士乃得實謀及負薪功乃可述不失人心德乃洋溢

黃石公三略卷上

黃石公三略卷中

中略

夫三皇無言而化流四海，故天下無所歸功。帝者體天則地，有言有令而天下太平，君臣讓功，四海化行，百姓不知其所以然。故使臣不待禮賞有功，美而無害。王者制人以道，降心服志，設矩備衰，四海會同，王職不廢，雖有甲兵之備而無鬬戰之患。君無疑於臣，臣無疑於主，國定主安，臣以義退，亦能美而無害。霸者制士以權，結士以信，使士以賞。信衰則士疏，賞虧則士不用命。軍勢曰：出軍行師，將在自專；進退內御，則功難成。軍勢曰：使智使勇，使貪使愚。智者樂立其功，勇者好行其志，貪者邀趨其利，愚者不顧其死。因其至情而用之，此軍之微權也。軍勢曰：無使辯士談說敵美，爲其惑衆；無使仁者主財，爲其多施而附於下。軍勢曰：禁巫祝，不得爲吏士卜問軍之吉凶。軍勢曰：使義士不以財，故義者不爲不仁者死，智者不爲闇主謀。主不可以無德，無德則臣叛；不可以無威，無威則失權。臣不可以無德，無德則無以事君；不可以無威，無威則國弱，威多則身蹶。故聖王御世，觀盛衰，度得失，而爲之制。故諸侯二師，方伯三師，天子六師世亂則叛逆生王澤竭則盟誓相誅伐德同勢敵無以相傾乃攬英雄之心與衆同好惡然後加之以權變故非計策無以決嫌定疑非譎奇無以破姦息寇非陰謀無以成功聖人體天賢者法地智者師古是故三略爲衰世作上略設禮賞別姦雄著成敗中略差德行審權變下略陳道德察安危明賊賢之咎故人主深曉上略則能任賢擒敵深曉中略則能御將統衆深曉下略則能明盛衰之源審治國之紀人臣深曉中略則能全功保身夫高鳥死良弓藏敵國滅謀臣亡亡者非喪其身也謂奪其威廢其權也封

之於朝極人臣之位以顯其功中州善國以富其家美色珍玩以說其心夫人衆一合而不可卒離威權一與而不可卒移還師罷軍存亡之階故弱之以位奪之以國是謂霸者之略故霸者之作其論駮也存社稷羅英雄者中略之勢也故世主祕焉

黃石公三略卷中

黃石公三略卷下

下略

夫能扶天下之危者則據天下之安能除天下之憂者則享天下之樂能救天下之禍者則獲天下之福故澤及於民則賢人歸之澤及昆蟲則聖人歸之賢人所歸則其國強聖人所歸則六合同求賢以德致聖以道賢去則國微聖去則國乖微者危之階乖者亡之徵賢人之政降人以體聖人之政降人以心體降可以圖始心降可以保終降體以禮降心以樂所謂樂者非金石絲竹也謂人樂其家謂人樂其族謂

人樂其業謂人樂其都邑謂人樂其政令謂人樂其道德如此君人者乃作樂以節之使不失其和故有德之君以樂樂人無德之君以樂樂身樂人者久而長樂身者不久而亡釋近謀遠者勞而無功釋遠謀近者佚而有終佚政多忠臣勞政多怨民故曰務廣地者荒務廣德者強能有其有者安貪人之有者殘殘滅之政累世受患造作過制雖成必敗舍己而教人者逆正己而化人者順逆者亂之招順者治之要道德仁義禮五者一體也道者人之所蹈德者人之所得仁者人之所親義者人之所宜禮者人之所體

不可無一焉故夙興夜寐禮之制也討賊報讎義之決也惻隱之心仁之發也得己得人德之路也使人均平不失其所道之化也出君下臣名曰命施於竹帛名曰令奉而行之名曰政夫命失則令不行令不行則政不正政不正則道不通道不通則邪臣勝邪臣勝則主威傷千里迎賢其路遠致不肖其路近是以明王舍近而取遠故能全功尚人而下盡力廢一善則衆善衰賞一惡則衆惡歸善者得其祐惡者受其誅則國安而衆善至衆疑無定國衆惑無治民疑定惑還國乃可安一令逆則百令失一惡施則百惡

結故善施於順民惡加於凶民則令行而無怨使怨治怨是謂逆天使讎治讎其禍不救治民使平致平以清則民得其所而天下寧犯上者尊貪鄙者富雖有聖王不能致其治犯上者誅貪鄙者拘則化行而衆惡消清白之士不可以爵祿得節義之士不可以威刑脅故明君求賢必觀其所以而致焉致清白之士修其禮致節義之士脩其道而後士可致而名可保夫聖人君子明盛衰之源通成敗之端審治亂之機知去就之節雖窮不處亡國之位雖貧不食亂邦之祿潛名抱道者時至而動則極人臣之位德合於

已則建殊絶之功故其道高而名揚於後世聖王之用兵非樂之也將以誅暴討亂也夫以義誅不義若決江河而漑爝火臨不測而擠欲墮其克必矣所以優游恬淡而不進者重傷人物也夫兵者不祥之器天道惡之不得已而用之是天道也夫人之在道若魚之在水得水而生失水而死故君子者常畏懼而不敢失道豪傑秉職國威乃弱殺生在豪傑國勢乃竭豪傑低首國乃可久殺生在君國乃可安四民用靈國乃無儲四民用足國乃安樂賢臣內則邪臣外邪臣內則賢臣斃內外失宜禍亂傳世大臣疑主衆姦集聚臣當君尊上下乃昏君當臣處上下失序傷賢者殃及三世蔽賢者身受其害嫉賢者其名不全進賢者福流子孫故君子急於進賢而美名彰焉利一害百民去城郭利一害萬國乃思散去一利百人乃慕澤去一利萬政乃不亂

黄石公三略卷下

崇賢館記

太初混沌、盤古開天辟地、斗轉星移、萬象其命維新。炎黄先祖崛起東方、篳路藍縷、以啓山林。華夏文明、源出細水涓涓、日夜不息、匯爲浩浩江海。上古有河圖洛書之説、先民有結繩書契之作。自夏商以降至於隋唐、我先人以玉飾、甲骨、鐘鼎、簡牘、碑碣、帛書刻錄文明歷程、纘續堯、舜、禹、湯、文王、周公、孔子諸聖賢道統、斯文郁郁、盛世生焉。

至唐貞觀間、太宗爲繼往聖之學、風厚生之化、開太平之世、始設崇賢館、任學士、校書郎各二人、掌管經籍圖書、並教授諸生。光陰箭越千年、二十世紀尾聲、有諸同道矢志復立崇賢館、旨於再造盛唐輝煌、興廢繼絶、金聲玉振、集歷代之英華、樹中天之華表。以最中國之形式再現最中國之内容、俾言簡義豐、溫厚和平、墨香紙潤之中國書卷文化福澤今日之世界。復立伊始、茫茫求索、久立而有待來者、漸至天下翕然而慕國學。當是時、幸得國學之師季羡林、啓功、馮其庸、傅璇琮及著名文史學家毛佩琦、任德山、余世存、國藝方家王鏞、林岫等諸先生擔當學術顧問、肩荷指點迷津、遥斷翼軫之重責。

先賢典籍流傳、櫫然可見。北宋一朝、蔡倫高足安徽宣城孔丹、創棉白佳紙、宣紙因而得名。中國造紙術隨後惠澤東西方文化傳播。宣紙典籍體輕而久壽、逐漸引領版刻盛行。宋版之精嚴而高貴、元版之景宋而厚重、明版之繁盛而不齊、清版之集古而爲新。今崇賢館、志承歷代版刻精髓、精研歷代善本風貌、礪成鑄鼎之作、曰崇賢善本。其館刊典籍、涵蓋經、史、子、集、四部精華、並書畫眞跡、碑刻拓片、及今人解經、學人蹊徑。可謂囊經天緯地之道、攬修身齊家之學。堪爲現代收藏之冠冕極品。亦爲今人重塑私德之權威善本。

崇賢善本、誓循宋代工藝。選安徽涇縣、有紙中黃金美譽之手工宣紙製作。裝幀集材、綾面絹簽、沿襲古法、雕版琢字、均出名典、莊重雅致、古色生香。考工記云、天有時、地有氣、材有美、工有巧。斯乃術工與藝術俱臻高妙之境界、書卷文化之眞精神。洋裝書雖彌漫當際、崇賢善本卻能卓爾不群。魯迅先生曾有比喻、洋裝書拿在手裏像舉磚頭、遠不如看綫裝書方便。中華先烈、文稱風騷、武崇儒將、書卷之氣爲其獨有之美。然不讀綫裝古籍、難鑄高華之美。綫裝書

崇賢館記

卷在手或坐或臥思緒如泉潺潺不斷心性高貴至極卻不顯一絲張揚是故崇賢館十數年如一日竭誠舉倡重構綫裝中國國學進入生活尋常百姓之家當見縹囊飄香廣廈重閣之府更是卷盈緗帙隨手展卷有人倫之準式傳世之華章賢人之嘉言生活之寶鑒人人可漱六藝之芳潤可浸高古之氣華

朝代依序更迭時光似川流逝次第顧尋鼎食深院閭閻人家皆門書禮儀傳家久詩書繼世長國學經典連綿千祀然而形殊勢禁古今不同失之毫釐謬以千里時人熱捧國學然忌入玄玄歧途惟汲納百家之長融鑄方以補天勿忘戊戌維新之殤是爲殷鑒彙通儒家之禮樂規章道家之取法自然佛家之修心禪定法家之以法治國兵家之正合奇勝加之國藝國史深研修行方能據於德依於仁游於藝經世致用知行合一退可以善道進可以兼濟高品生活人所共求今人之所憂嘆先哲業已冥思而開示吾輩俯仰間應崇聖賢者欣欣然咏而歸之樂也

展觀宇內商潮必資乎文明方能發五色之沃采惠億衆之福祉古往今來熙熙攘攘者道統孰繼崇賢館倡言新國學新閱讀新收藏新體驗同仁塑